03

第三章

知识产权与我们息息相关

04

第四章

知识产权保护的其他内容

第一章

人类智力劳动与知识产权制度的产生

图书、铅笔、书包、电脑、电视、空调、洗衣机……我们身边的各种日常用品，都是人类通过劳动创造的，里面不仅有人类体力劳动的汗水，也有智力劳动的付出。智力劳动带来了创新，而创新进一步改变了人类世界。在智力成果的创造、使用过程中，知识产权制度应运而生。

在本章，我们将学习人类智力劳动、发明创造的作用、知识产权制度的产生和历史沿革等内容，了解人类智力成果的类型，以及人类智力劳动对人类社会生产力和经济社会发展的巨大推动作用。

本章知识结构

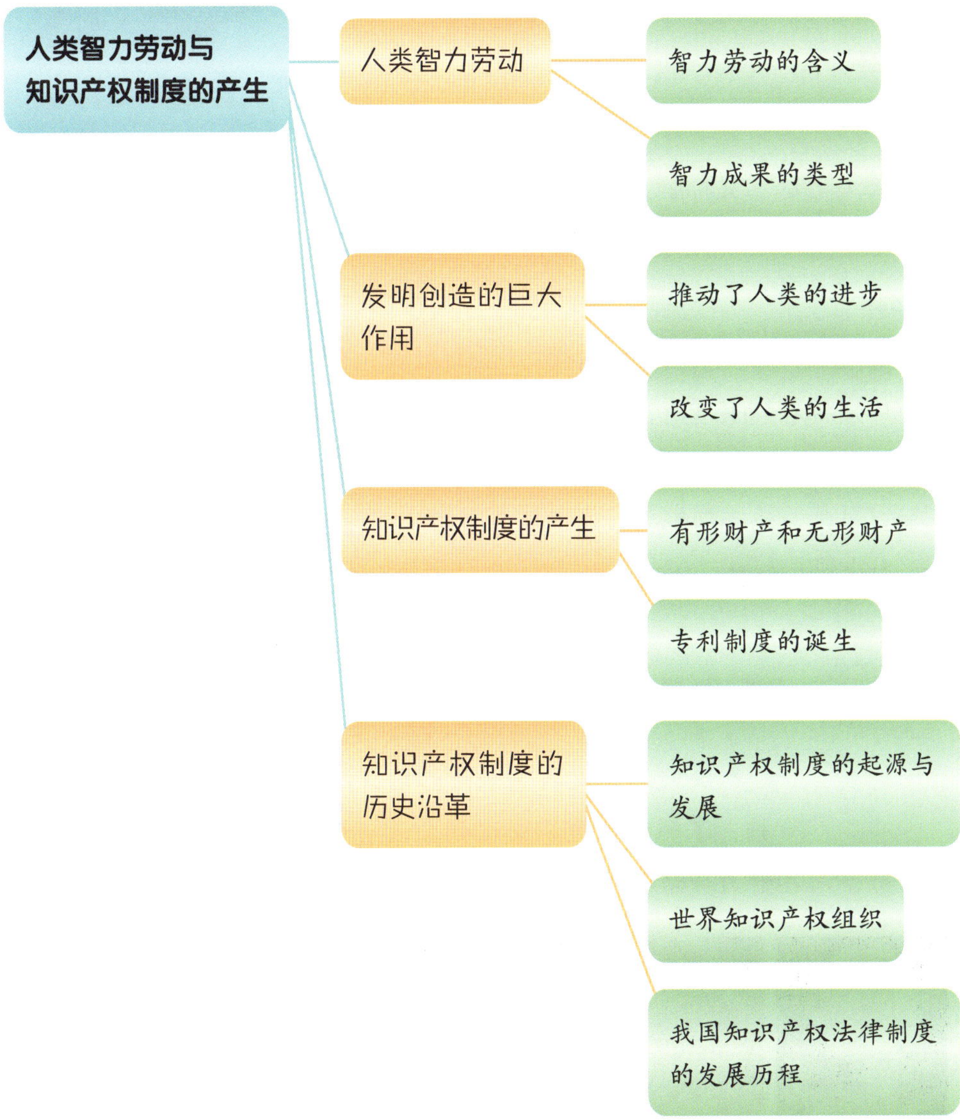

第一节 人类智力劳动

智力劳动，又称脑力劳动，一般而言，是指人类主要依靠头脑中的知识和智慧进行改造自然、改造社会的活动，是与体力劳动相对应的一个概念。

随着生产社会化和劳动职能分工的发展，智力劳动特别是科学劳动在生产中发挥着越来越重要的作用。从思维属性上说，创新不是别的，正是人类一种特殊的智力劳动。创新是人类特有的认识能力和实践能力，是人类主观能动性的高级表现形式。人类社会发展的历程表明，人类社会从低级到高级，从简单到复杂，从原始到现代的进化历程，就是一个不断创新的过程。

分析思考

人类的进步是踏着书籍的阶梯不懈攀爬的过程。请你查阅资料，了解书籍的演变过程，谈一谈书籍演变的背后包含着哪些智力劳动和创新成果。

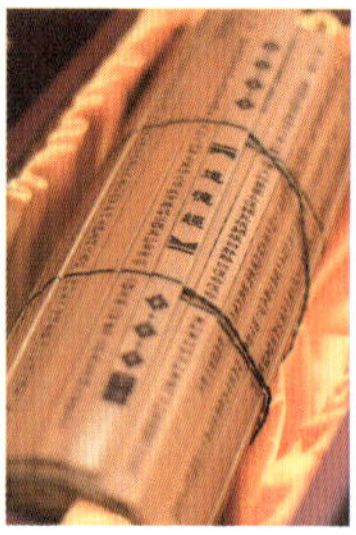

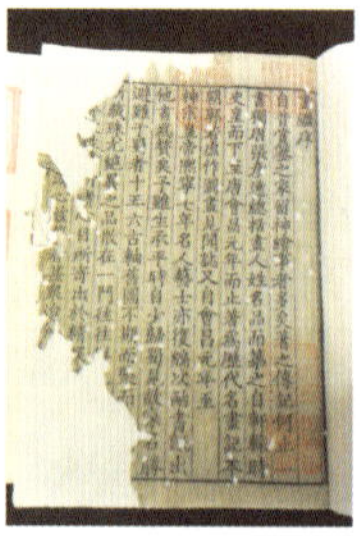

事例分享1-1

纸的发明

以造纸术的发明为例，在造纸术发明以前，古代人曾想尽办法，利用龟甲、石头、树皮、铜、铅、麻布、兽皮等记录文字。在我国商朝时，人们把文字一笔一画地刻到龟甲和牛、羊、猪等动物的肩胛骨上；后来，人们又用规格一致的木片和竹片来书写文章，还有用缣帛等丝织品来书写的。东汉时期，随着经济和文化的发展，竹简、缣帛越来越不适应书写的需要。为了制造一种比较理想的书写材料，蔡伦在前人利用废丝绵造纸的基础上，采用树皮、麻头、破布、废渔网为原料，成功地制造了一种既轻便又经济的纸张，人们称之为“蔡侯纸”。东汉后期，有位叫左伯的书法家，对蔡伦造纸的方法又作了改进，造出了纸质细腻、匀称而有光泽的高级书写纸，人称“左伯纸”。大约在公元4世纪，我国的造纸术传到朝鲜，7世纪从朝鲜传入日本。后来，我国的造纸术传入西方。纸的发明及造纸术的传播极大地推动了人类文明的发展。

问题讨论

除了造纸术，我国古代还有哪些伟大的发明？

人类智力劳动遍及科学、技术、工程、艺术等诸多方面。这些智力劳动的成果丰富多样，包括在科学和技术领域产生的各种新产品、新工艺、新配方等；在艺术领域产生的音乐、戏剧、绘画、雕塑、摄影、电影等；还有各具形态的标识或标记等。**人们通常把智力成果分成三大类，即发明创造，商业标识，文学、艺术和科学作品。**严格来说，商业标识并不属于智力成果，但由于其与发明创造以及文学、艺术和科学作品并列，故在一些不需要进行严格区分的场合，人们也将商业标识作为智力成果对待。

发明创造，指人类经过努力在各个领域作出的发明、实用新型和工业品外观设计等。

商业标识，指商品或服务的提供者用以标明自己商品或服务的来源、品质、生产或服务主体、特征的商用符号。

文学、艺术和科学作品，是一切可以视为作品的智力创作成果的统称，它与作品是同一概念；包括小说、电影、音乐、绘画、舞蹈、雕塑、地图、建筑工程图样、计算机程序等。

资料卡：人类智力成果举例

兵马俑

《本草纲目》

“同仁堂”标识

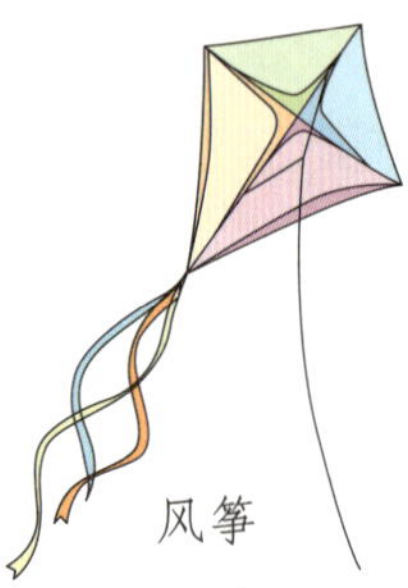

风筝

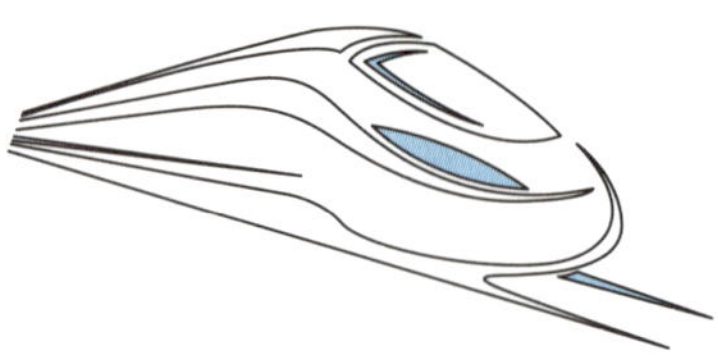

高铁

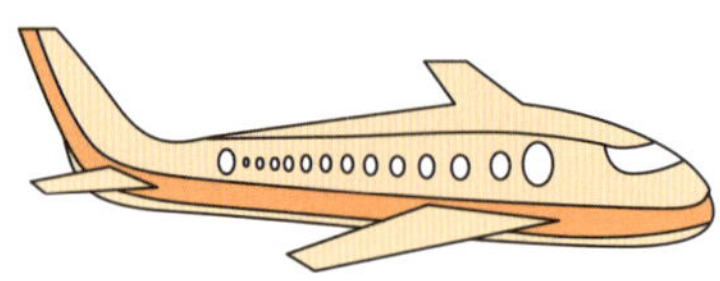

飞机

第二节 发明创造的巨大作用

在人类社会发展进程中，出现过很多有影响力的发明创造，如指南针、印刷术、蒸汽机、电子计算机、移动通信工具等，它们有的成为改变一个时代的标志，有的方便了我们的日常生活。这些发明创造经过人类不断地传承与发展，积聚成为巨大的物质财富，在推动人类进步和社会发展的同时，也造就了灿烂的人类文明。

中国古代的四大发明：指南针、印刷术、火药、造纸术

事例分享 1-2

蒸汽机对人类社会的推动作用

人类一直渴望得到更多的动力，渴望得到更多的能量。从原始社会到现代社会，从木柴到石油、天然气，从蒸汽机到内燃机，人类用自己的知识与智慧不断地从大自然中获取能量。

蒸汽机是人类历史上最重要的发明之一，它推动了资本主义时代的产生，开启了工业时代。蒸汽机在科学技术史上具有里程碑式的意义。18世纪中叶，英国人瓦特改良蒸汽机之后，一系列技术革命引起了从手工劳动向动力机器生产转变的重大飞跃。蒸汽机的改良促进了机械工业甚至社会的发展，解决了大机器生产中最关键的动力问题，推动了交通运输的空前进步，人类也从此进入“蒸汽时代”。

蒸汽机车

分析思考

蒸汽机的广泛应用，促使交通运输进入了以蒸汽为动力的新时代。你知道历史上还有哪些伟大的发明创造推动了人类的进步吗？

事例分享1-3

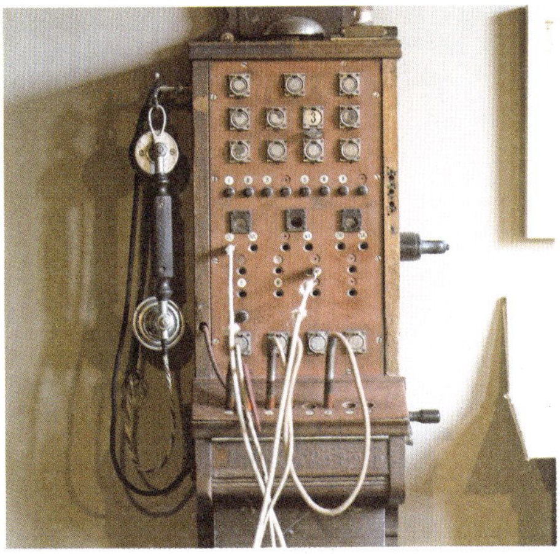

电话机

电话机的发明

1876年，科学家贝尔发明了第一台电话机，从此人类的联络方式翻开了新的一页。从贝尔发明的电话到日新月异的移动智能通信设备，人类的通信工具有了难以想象的进步。

问题讨论

（1）古代的人们是用什么来传递信息的？

（2）现在的智能手机除了通话功能外，还有什么功能呢？

事例分享1-4

条形码的发展历史

说起条形码，大家可能不会陌生，在超市，我们能够快速地完成购物，这多亏了每一个物品上的条形码。条形码的出现不仅方便了购物，而且提高了货物流通的速度，影响了诸多行业。那么，条形码的发明者是谁呢？

20世纪40年代，美国的两位工程师乔·伍德兰德和伯尼·西尔沃开始研究用代码表示食品项目的方法及相应的自动识别设备，并于1949年申请了美国专利。该专利代码的图案很像微型射箭靶，被称为“公牛眼”代码。在原理上，“公牛眼”代码与后来的条形码很相近，遗憾的是，限于当时的科技发展水平，这种代码未能获得商用。直到20世纪70年代，借助成本大大降低的激光和计算机技术，美国工程师乔治·劳雷尔带头开发了如今长方形的通用产品代码（即俗称的条形码），以及可以读取条形码的扫描仪，使得条形码从概念变为可应用的现实，进而改变了全世界的零售业。现在，世界上大多数国家和地区都已经普遍使用条形码技术，其应用领域也越来越广泛。

条形码

二维码

今天，配合条形码，二维码和移动支付的发明极大地方便了现代人的生活。人们不需要携带现金就可以进行购物消费，只需通过智能手机终端扫描相应的条形码或二维码，就能够完成交易，轻松实现购物消费。

问题讨论

人类历史上还有哪些重要的发明创造呢？它们为人类的生活带来了哪些便利？请整理相关的图文资料，与同学们一起分享。

创新推动着人类社会不断发展。大量可能改变我们传统生活习惯的新发明层出不穷，如电子阅读器、折叠手机、移动支付、3D打印、无人驾驶汽车及正在迅速发展的人工智能等，都有可能成为今后改变我们生活的重大发明。人类在发明创造中改变了世界，也改变了自身的生活。从一定意义上说，一部社会发展史，就是一部人类的发明创造史。

事例分享1-5

百度Apollo自动驾驶

百度2013年开始布局自动驾驶，2017年推出全球首个自动驾驶开放平台Apollo。2021年4月，在全球知名调研机构Guidehouse发布的自动驾驶竞争力榜单中，百度连续两年稳居国际自动驾驶“领导者”阵营，并且是“领导者”行列唯一上榜的中国公司。

经过8年发展，百度Apollo从技术验证阶段进入到规模化商业运营阶段。2021年8月18日，百度世界2021大会发布了两项重磅成果：具有跨时代意义的百度“汽车机器人”和无人车出行服务平台“萝卜快跑”。

百度“汽车机器人”能够通过三重能力服务于人：首先具备L5级自动驾驶能力，不仅无须人类驾驶，而且比人类驾驶更安全；其次具备语音、人脸识别等多模交互能力，分析用户潜在需求，主动提供服务；此外“汽车机器人”还具备自我学习和不断升级能力，是服务各种场景的智慧体。

结合Apollo过去两年的运营实践，百度推出无人车出行服务平台“萝卜快跑”，向大众提供商业运营和多元化增值服务，加速全民无人化出行时代到来。在全国多地，百度Apollo无人车正为大众提供无人化出行服务，截至2021年上半年，百度Apollo自动驾驶在北京、广州、长沙、沧州四城开放面向大众的出行服务，累计接待乘客超过40万人次。百度Apollo已获得336张自动驾驶测试牌照，已经在全国30个城市开展自动驾驶测试，路测里程超过1400万公里，自动驾驶专利数量超过2900件。

河北省沧州市街头的无人驾驶汽车

人类社会发展的历史表明，科学技术的每一次重大突破及其在生产上的应用，都会引起生产力的深刻变革和人类文明的巨大进步。蒸汽机的发明使人类社会进入了工业化时代。而今，不断创新的科学技术正在帮助人类将视野延伸到广袤的宇宙空间、深邃的地球内部和无尽的大洋深处。

事例分享1-6

这些科技成就，令人振奋

创新是引领发展的第一动力。我国坚持实施创新驱动发展战略，把科技创新摆在国家发展全局的核心位置。近年来，我国取得了一系列举世瞩目的科技成就，如中国空间站、“中国天眼”、“天问一号”火星探测器、“嫦娥五号”月球探测器、“奋斗者号”全海深载人潜水器、国产大飞机C919等，令人振奋。

2020年1月11日，具有我国自主知识产权、被誉为“中国天眼”的500米口径球面射电望远镜（FAST），通过国家验收，正式开放运行。这是目前世界上最大、最灵敏的单口径射电望远镜，能望穿百亿光年。观天巨眼所及，是人类逐梦星空的新极限。

2021年6月17日9时22分，“神舟十二号”载人飞船在酒泉卫星发射中心发射升空，前往太空与中国空间站天和核心舱对接，开启了中国航天员常驻太空的时代；6月17日18时48分，航天员聂海胜、刘伯明、汤洪波先后进入天和核心舱，标志着中国人首次进入自己的空间站。

“中国天眼”

中国空间站3D模型

分析思考

读《影响世界的专利》，思考人类如何通过智力劳动改变世界。

第三节

知识产权制度的产生

人们在推动社会发展的过程中创造了各种成果，它们有的看得见、摸得着，例如房子、汽车、工具、日用品等。这些成果因其价值和使用价值而被称为**有形财产**。

人们也创造另一类成果，例如优美动听的音乐，情节曲折的小说，以及解决问题或改进生产工具的新思路、新方法等。这些成果同样融入了大量人力、物力和智力劳动，是智力劳动者苦思冥想、攻坚克难后的心血结晶。这些成果解放了生产力，丰富了人们的精神生活，提高了人们的物质生活水平，人们把它们称为**无形财产**。

房子、汽车等是有形财产，而音乐、计算机软件、商标等是无形财产，它们都是人类智力劳动的成果。

有形财产

无形财产

无形财产和有形财产不一样。一方面，人们完全可以把一个好创意放在脑子里，不告诉别人，独品其利，其结果必然是人们将无法享受像蒸汽机技术带给人类生活的革命性变化，无法看到像《本草纲目》那样的中医典籍；另一方面，这些好创意一旦公布，又具有复制成本低、众人可取而分享、侵权取证难的特点。

问题讨论

（1）如果一个人辛苦努力得来的智力成果，其他人不经允许就随意使用，会出现什么结果？

（2）如果每个人都不愿意公开自己的智力成果，会对整个社会产生什么影响？想象一下，假如瓦特改良蒸汽机后不向社会公开，会对工业革命产生什么影响？

（3）我们应该怎样保护智力成果？谈一谈自己的想法。

创造智力成果成本不菲，一旦有商业利益还有可能引来抄袭和模仿，导致创造者血本无归。因此，在历史上相当长的时间里，古代的许多工匠对生产技术或制造工艺的传承，往往实行“传子不传女、传媳不传婿”的规制。这在很大程度上制约了技术的进步和社会的发展，很多独特的生产制造技艺也因此失传。

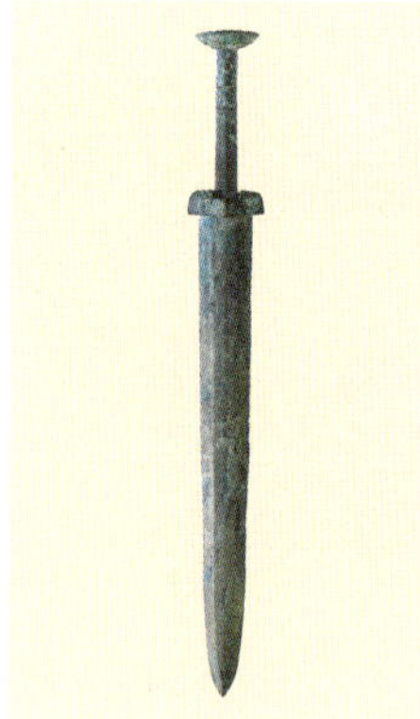

青铜宝剑

问题讨论

（1）请同学们收集资料，举例说明我国古代失传的传统技艺有哪些。

（2）分析讨论我国古代传统技艺失传的原因可能有哪些。

（3）如何解决保护个体智力成果与促进社会发展之间的矛盾？

在商品经济大发展的年代，智力成果作为无形财产在商品交易中的价值日益体现。随着信息传递速度的加快，对一项有价值的智力成果进行保密或信息封锁越来越难，建立一种智力成果的保护制度变得尤为重要。

为了激励人们创造出更多的智力成果，从而使公众能更好地分享他人智力成果的惠益，必须让创造者“劳有所获，心有所向”，得到应有的精神享受和物质回报。经过长期的实践和发展，人们逐步建立了知识产权制度，用以保护人类的智力成果。

资料卡：专利制度的雏形与演进

专利制度最早诞生于中世纪，那时欧洲有一些能工巧匠提出各种奇思妙想，但没钱批量生产和推广，只能做出一两个样品；也有一些人虽然握有资金但缺少技术，不知道该投资生产什么。为了保护本国经济利益，当地统治者最先通过法令的形式把使用某一新颖发明的特权授予个人，这种特权只在统治者权力所及的地域且在一定期限内有效，这就是专利制度的雏形。智力成果首次被赋予一种独占权。

后来，随着社会的发展和商品贸易的扩大，一些国家兴起了发明创造的热潮，国家开始以法律的形式将“特权”制度化，专利权最终成为依法存在的一种权利。

专利制度诞生后，世界上对人类文明产生重要影响的许多发明创造被授予专利权，例如：斯蒂芬森发明的火车机车，诺贝尔发明的炸药，爱迪生发明的白炽灯、留声机，卡尔·奔驰发明的汽车以及狄塞尔发明的柴油机，等等。专利制度的确立，保护了发明创造者的利益，刺激了发明创造者的热情，使得发明创造大量涌现，带来了技术革新的浪潮，创造了西方现代经济增长的奇迹，深刻影响了历史。

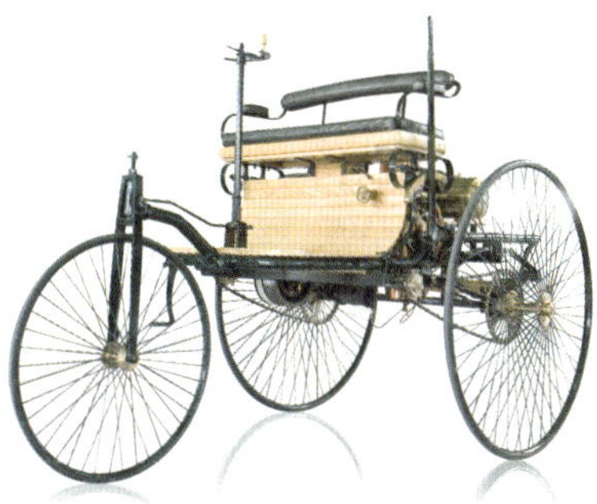

世界上第一辆三轮汽车

第四节 知识产权制度的历史沿革

知识产权的本质是鼓励创新、保护创新，是“为天才之火添上利益之油”。知识产权制度最早萌芽于文艺复兴时期的意大利，历经500多年的发展，知识产权制度走过了不断完善、从国内法到国际知识产权法律制度的漫长路程，发挥着越来越重要的作用。这既是历史的必然，也是人类在征服自然、改造社会的过程中不断完善自我的真实写照。

资料卡：知识产权制度的起源与发展

1474年，威尼斯共和国颁布了世界上第一部专利法。该法规定，权利人对其发明享有10年的垄断权，任何人未经同意不得仿造与受保护的发明相同的设施，否则将赔偿百枚金币，并销毁全部仿造设施。1624年，英国议会颁布了《垄断法规》，其中包含了大量专利条款，该法被认为是世界上第一部具有现代意义的专利法，它的基本原则和某些具体规定被许多国家制定专利法时仿效和借鉴。18世纪末到19世纪初，欧洲大陆各国和美国相继实行了专利制度。

随着人类造纸和印刷技术的发明和传播，书籍成为科技知识和文学艺术的载体。15世纪末，威尼斯共和国授予印刷商冯·施贝叶在威尼斯印刷出版的专有权，有效期5年。这被认为是西方第一个由统治政权颁发的、保护翻印之权的特许令。英国“光荣革命”后，政府出版特许制度被废止，随即盗版书籍蔓延，出版商利益受到严重威胁。出版商们以保护作者权益为由，游说英国议会建立新的出版保护制度。1710年，英国颁布了一项关于版权的法令，即《安妮女王法》，这是世界上第一部现代意义上的版权法，它第一次承认个人有权得到对其已出版的作品的保护。《安妮女王法》为现代著作权制度奠定了基石，被誉为著作权法的鼻祖。

关于商标和商号的保护制度最早起源于法国。1803年，法国在《关于工厂、制造场和作坊的法律》中规定对假冒商标按私造文书处罚，确立了对商标权的法律保护。1857年，法国的《关于以使用原则和不审查原则为内容的制造标记和商标的法律》，是世界上第一部具有现代意义的商标法。随后欧美等国家相继制定了商标法，商标保护制度逐步建立起来。

自19世纪下半叶以来，科学技术和文化迅速发展，国际交流日益频繁，大量的智力成果突破国界进入他国。为了建立不同国家之间保护知识产权的合作关系，解决知识产权的跨国保护问题，一些国家进行了关于知识产权保护国际化方面的探索。1883年，比利时、巴西、萨尔瓦多、法国、意大利、荷兰等11个国家在法国首都巴黎缔结了《保护工业产权巴黎公约》（简称《巴黎公约》）。《巴黎公约》作为世界上第一个保护工业产权的国际公约，是国际知识产权制度的支柱之一。根据《巴黎公约》的有关规定，缔约国建立了“保护工业产权国际联盟”（又称巴黎联盟）。1886年，英国、法国、德国、意大利、瑞士、比利时等10个国家在瑞士首都伯尔尼签署了《保护文学和艺术作品伯尔尼公约》（简称《伯尔尼公约》)。《伯尔尼公约》是世界上第一个保护版权的国际公约。缔约国家组成了“保护文学和艺术作品国际联盟”(又称伯尔尼联盟)。

1967年,巴黎联盟和伯尔尼联盟的51个成员国在瑞典首都斯德哥尔摩签订了《建立世界知识产权组织公约》,根据该公约建立了世界知识产权组织,以便进一步促进全世界对知识产权的保护,加强各国和各知识产权组织间的合作。

资料卡:世界知识产权组织

世界知识产权组织(World Intellectual Property Organization,WIPO)根据《建立世界知识产权组织公约》而设立,该公约于1967年7月14日签订,于1970年4月26日生效。WIPO是一个政府间组织,1974年成为联合国组织系统中的一个专门机构,总部设在瑞士日内瓦。WIPO的使命是领导发展兼顾各方利益的有效国际知识产权制度,让创新和创造惠及每个人。我国于1980年正式加入WIPO。截至2020年2月,WIPO共有193个成员国。

20世纪以来,知识产权与国际贸易二者之间的关系日益紧密。1995年1月1日,《与贸易有关的知识产权协定》(TRIPS)正式生效。TRIPS是当前世界范围内知识产权保护领域中涉及面广、保护水平高、保护力度大、制约力强的一个国际公约。

我国是《巴黎公约》《伯尔尼公约》和TRIPS的成员国,享有这些公约赋予的权利，也承担这些公约规定的义务。

我国知识产权制度的建设，虽然起步较晚，但发展很快。改革开放以来，我国逐渐建立起与中国国情相符合并与国际社会知识产权保护水平接轨的知识产权保护制度。全国人大常委会分别于1982年8月审议通过了《商标法》，1984年3月审议通过了《专利法》，1990年9月审议通过了《著作权法》。此外，我国还颁布实施了《商标法实施条例》《专利法实施细则》《著作权法实施条例》《计算机软件保护条例》《知识产权海关保护条例》《植物新品种保护条例》《集成电路布图设计保护条例》等一系列与知识产权保护相关的法律法规。为了保护知识产权，中国在较短时间内建立起一套完备且高标准的知识产权法律体系，走过了发达国家几十年甚至上百年才完成的立法路程。WIPO前总干事阿帕德·鲍格胥曾评价中国“在知识产权发展史上是独一无二的”。

资料卡：“4·26”世界知识产权日的由来

2000年10月，世界知识产权组织第35届成员国大会系列会议通过了中国和阿尔及利亚1999年共同提出的关于建立“世界知识产权日”的提案，决定从2001年起将每年的4月26日定为“世界知识产权日”，旨在提高人们对日常生活中知识产权的认识，加深人们保护知识产权以促进创造与创新的意识，赞美创造以及创造者与创新者对社会发展作出的贡献，鼓励人们尊重他人的知识产权。之所以确定为每年的4月26日，是因为在1970年4月26日，《建立世界知识产权组织公约》正式生效，世界知识产权组织成立。

第二章

知识产权的基本内容

知识产权制度以法律制度的形式，保护智力劳动者的创造成果和创新热情。知识产权的内容是随着经济的发展而动态发展的，专利权、商标权和著作权都属于知识产权。这一章，我们将学习和了解知识产权的丰富内涵。

在本章，通过学习什么是知识产权、知识产权的主要内容、知识产权的主要特征等内容，我们可以了解知识产权的内涵以及知识产权制度的实质，同时理解知识产权作为无形财产权具有的专有性、地域性和时间性等特征。

本章知识结构

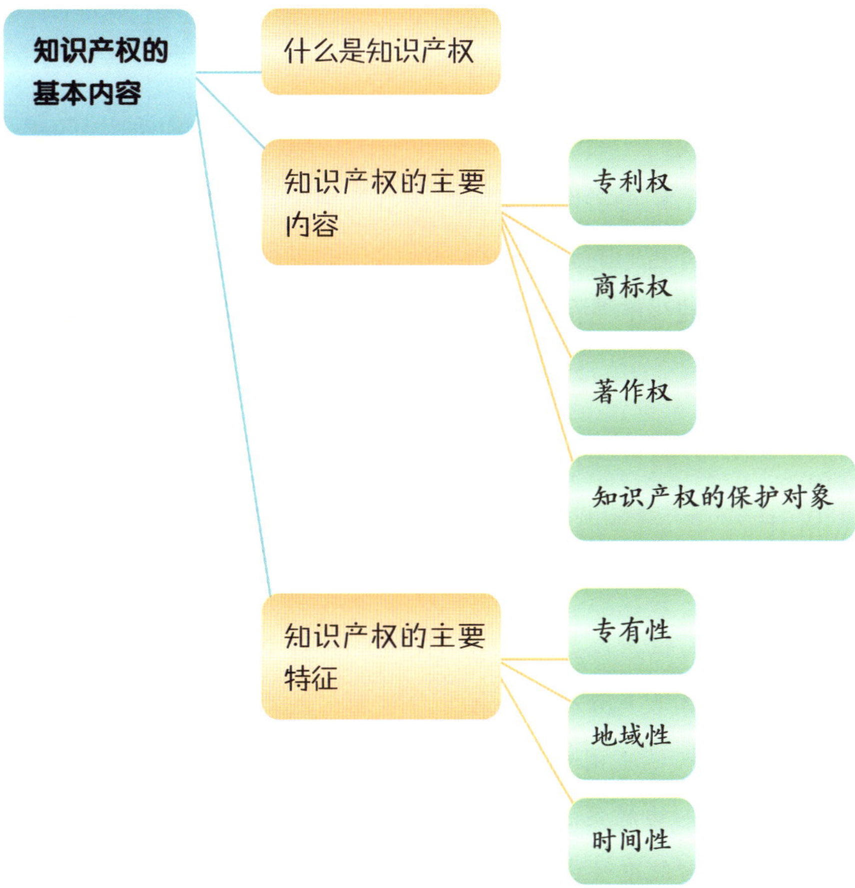

第一节 什么是知识产权

在第一章中我们已经提到，人类的智力成果主要包括发明创造，商业标识，文学、艺术和科学作品三大类。不难想象，如果把这些智力成果束之高阁，那么等待它们的只能是落满灰尘；如果把这些智力成果变成公众喜闻乐见、不可缺少的生活或生产必需品，那么它们将成为智力劳动者和公众的巨大财富。

资料卡："知识产权"一词是怎么来的？

知识产权，英文为"Intellectual Property"，原意为"知识（财产）所有权"或者"智慧（财产）所有权"，也称智力成果权。我国台湾地区译为"智慧财产权"。根据我国《民法典》的规定，知识产权属于民事权利。"知识产权"一词于17世纪中叶由法国学者卡普佐夫首创，后为比利时著名法学家皮卡第所发展。皮卡第将之定义为"一切来自知识活动的权利"。这一说法在国际上得到广泛传播并为世界上多数国家和国际组织所承认。直到1967年《建立世界知识产权组织公约》签订以后，该词才逐渐为国际社会所普遍使用。世界知识产权组织将其定义为"法律权利，源于在工业、科学、文学和艺术领域的智力活动"。

知识产权，是指个人或者企业就其智力成果所依法享有的专有权利，是一种无形财产权。“知识产权”一词是一组权利的统称。传统上，这组权利包括专利权、商标权和著作权。有关这三项权利的保护构成了现代知识产权制度的基本内容。

知识产权制度作为保护人类智力成果的重要制度，是人类社会科技与经济发展到一定阶段的产物。人类进入阶级社会以后，知识产品的创造者与使用者之间的矛盾冲突不断增加，由此产生了界定知识产品产权并对其建立相应的无形财产保护制度的客观需要，以便调整知识产品生产的成本与收益关系、防止知识产品的无偿使用或消费情形的发生。于是，协调和平衡知识产品创造者和使用者之间利益关系的知识产权制度出现了。这一制度通过授予发明创造者以产权，为权利人提供了经济、有效和持久的创新激励，保证了创新活动在新的高度上不断向前发展，从而促进了创新成果不断地转化为先进生产力，推动社会发展。同时，由于知识产品外部价值的存在，知识产权制度还起到调节知识产权人的垄断利益与社会公共利益之间关系的作用，担负着实现知识资源有效配置、促进知识财富不断增加的使命。

知识产权制度是促进人类经济发展、社会进步、科技创新、文化繁荣的基本法律制度。知识产权制度就是为了赋予创造者对其智力成果的控制权而建立起来的，目的在于促使人们创造出更多的智力成果，为人类谋福利。

问题讨论

（1）知识产权已经渗透到人们生活的方方面面，上至在云端的科技创新，下至接地气的衣食住行，处处都有知识产权的“身影”。请同学们找一找，自己身边有哪些事物与知识产权相关呢？

（2）请同学们举例说明，知识产权制度如何保护人们的智力成果。

事例分享 2-1

知识产权创造财富

新中国成立以来，我国知识产权事业从零起步、不断发展壮大。特别是党的十八大以来，我国知识产权综合实力快速跃升，核心专利、知名商标、精品版权、优质地理标志产品等持续增加。截至2020年年底，国内每万人口发明专利拥有量达到15.8件；有效商标注册量达到3017.3万件。知识产权效益大幅提升。统计显示，2019年，全国专利密集型产业增加值达到11.5万亿元，占当年国内生产总值的11.6%；全国版权产业增加值达到7.3万亿元，占当年国内生产总值的7.39%。2020年，世界领先的5000个品牌中，中国占到408个，总价值达1.6万亿美元。全国专利、商标质押融资总额达2180亿元，同比增长43.9%。使用地理标志专用标志企业直接产值总计6398亿元，有力支撑了全面打赢脱贫攻坚战。知识产权使用费进出口总额463.1亿美元，其中出口额86.8亿美元，同比增长31.5%。知识产权保护社会满意度由2012年的63.69分提高到2020年的80.05分。中国在全球创新指数报告中的排名由2013年的第35位提升至2021年的第12位，位居中等收入经济体之首，是世界上进步最快的国家之一。

美国同样通过强有力的知识产权保护维护其核心利益。2015年的一篇文章提到，美国出口排在第一位的就是版权业，其中，美国软件在国际市场的份额占2/3以上；美国“大片”在全球的票房收入占80%以上。更有学者认为，美国现在在国际社会所产生的影响力是靠着“三大片”，即代表美国饮食文化的土豆片、代表美国影视文化的好莱坞电影片、代表美国信息文化的半导体芯片。这“三大片”分别涉及商标、版权和专利领域，“片片”都有知识产权。

中国高铁

分析思考

（1）爱迪生是家喻户晓的“发明大王”，你知道爱迪生有哪些重要的发明创造吗？请通过网络、图书馆等途径查阅相关资料，并与同学们分享。

（2）请同学们想一想，如果没有知识产权保护制度，爱迪生还能持之以恒地搞发明创造吗？

第二节 知识产权的主要内容

知识产权的实质就是把人类的智力成果作为无形财产来看待。

传统的知识产权主要包括专利权、商标权和著作权。

资料卡：专利权、商标权和著作权

专利权，是指法律赋予专利权人对其获得专利的发明创造在一定范围内依法享有的专有权利。专利（patent）一词来源于拉丁语litterae patentes，意为公开的信件或公共文献，是中世纪的君主用来颁布某种特权的证明。为了鼓励发明创造，封建君主往往特许授予发明人一种垄断权，让他们能够在一定期限内独家享有经营某些产品或工艺的特权。在现代，专利一般是指政府机关（例如中国国家知识产权局）或者代表若干国家的区域性组织（例如欧洲专利局）根据专利申请而颁发的一种文件。这种文件记载了发明创造的内容，并且在一定期限（例如20年）内产生一种垄断权（即专利权）。一般情况下，在权利的有效期内，只有经专利权人同意，他人才能实施该发明创造。

商标权，是指商标所有人在一定地域范围内，依法直接支配特定商标，并排除他人非法干涉的权利。商标是指商品的生产者、经营者或者服务的提供者为了标明自己、区别他人而在自己的商品或者服务上使用的具有显著性的符号。商标的起源可追溯至古代，最初是在产品上刻上制作者的姓名，当时的工匠将其姓名或标记印制在其产品上，以便在交换中同他人的产品相区别。商标是商品经济发展到一定阶段的产物。在商品经济中，商品生产者通过商标向消费者推荐自己的商品，提高产品的知名度，扩大产品的销售，保护企业的正当权益和信誉；消费者借助商标辨识商品，选择自己信赖的商品。

著作权，也称版权，是指文学、艺术、科学作品的作者对自己的作品所享有的专有权利。著作权是知识产权的重要组成部分。加强著作权保护，有利于保障作者和相关权利人的合法权益，激励人们创作出更多有价值的作品，促进优秀作品的传播和利用，提升公众的文学、艺术和科学素养，对于促进人类文化和科学事业的发展与繁荣，具有十分重要的现实意义。

知识产权是一个开放的概念，它的内涵和外延是随着社会和人类认识的发展不断变化的。随着科学技术的迅猛发展，知识产权保护对象的范围也在不断扩大，商业秘密、地理标志、植物新品种、集成电路布图设计、互联网域名等，也逐渐成为世界各国知识产权制度保护的对象。

第三节 知识产权的主要特征

知识产权从本质上说是一种无形财产权。作为无形财产权，知识产权的主要特征包括**专有性**、**地域性**和**时间性**。

资料卡：知识产权的“三性”

专有性，也称为独占性或排他性，即知识产权权利人对其智力成果享有独占和排他的权利。未经权利人许可，任何单位或者个人不得使用权利人的智力成果。对于专利权、商标权等知识产权，专有性也意味着不允许存在两个以上完全相同的权利。例如，甲公司如果就某项技术方案申请专利并获得了专利授权，他人则无法就相同的技术方案获得专利保护。

地域性，是指根据一国法律所取得的知识产权，仅在该国法律管辖范围内受到保护，而在其他国家则不受该国法律的保护，除非两国之间有双边的知识产权保护协定，或共同参加了有关保护知识产权的国际条约。例如，甲公司在A国获得保护的专利权或商标权，在B国并不受到同样的保护，除非这两个国家之间存在双边或多边协定。一般情况下，甲公司的专利或商标如果想在B国获得保护，就必须在B国进行申请并获得授权。

时间性，是指人们所获得的知识产权不是永久有效的，只在法律规定的期限内受到保护。各国法律对不同类型的知识产权分别规定了一定的保护期限。保护期限届满后，相关知识产权就会进入公共领域，成为全社会的共同财富，此时公众可以对其进行自由使用，不再受到知识产权权利人的限制。

分析思考

请同学们想一想，各国法律为什么都要对不同类型的知识产权设置一定的保护期限呢？

创新是引领发展的第一动力，保护知识产权就是保护创新。从人类文明发展历史角度来看，如果说抓住科技革命的机遇深刻影响着一个国家的前途命运，那么创新活动就是这一行为的关键驱动因素，而对知识产权的保护又是创新活动的重要支撑。在我国努力推动中国制造向中国创造转变、中国速度向中国质量转变、中国产品向中国品牌转变的过程中，只有充分发挥知识产权制度对创新原动力的基本保障作用，才能支撑国家的创新发展。知识产权是激励创新的基本制度。一个国家只有构建好、运用好知识产权制度，才能释放出更强的创新活力，屹立在引领未来发展的创新之巅。

事例分享 2-2

2021年全球创新指数

世界知识产权组织发布的《2021年全球创新指数报告》显示，中国排名第12位，较2020年上升2位。其中，瑞士连续11年位居榜首，瑞典、美国、英国、韩国分列第2位至第5位；中国位居中等收入经济体首位，超过日本、以色列、加拿大等发达经济体。特别值得一提的是，中国自2013年起，全球创新指数排名连续9年稳步上升，上升势头强劲。

从创新产出看，中国的优势集中在无形资产、知识的创造、知识的影响等方面。其中，本国人专利、商标申请，创意产品出口在贸易总额中的占比等细分指标均实现全球领先。2021年，知识传播这一大类指标进步明显，特别是知识产权收入在贸易总额中的占比这一细分指标持续增长，表明中国正逐步从知识产权引进大国向知识产权创造大国转变。

在全球“最佳科技集群”排名中，日本东京—横滨地区、中国深圳—香港—广州地区、北京、首尔、美国圣何塞—旧金山地区分列前五。与2020年相比，中国深圳—香港—广州地区（第2位）排名不变，北京（第3位）、上海（第8位）、南京（第18位）、杭州（第21位）等排名均有所上升，且上升幅度明显。

第三章

知识产权与我们息息相关

人们日常使用的手机、出行乘坐的汽车、茶余饭后阅读的书籍，乃至家用的锅碗瓢盆、身上穿的衣服……到处都是知识产权的身影，那知识产权对于我们的生活究竟有什么影响呢？如果没有知识产权保护，这个世界会变得怎样？

通过本章的学习，我们将了解知识产权并不是高高在上的概念，它与我们的日常生活息息相关；了解知识产权对于个人、企业和国家的重要性。同学们，让我们行动起来，从日常生活中的小事出发，尊重和保护知识产权，树立知识产权保护意识，从现在做起，从一点一滴做起，做遵纪守法的好公民。

本章知识结构

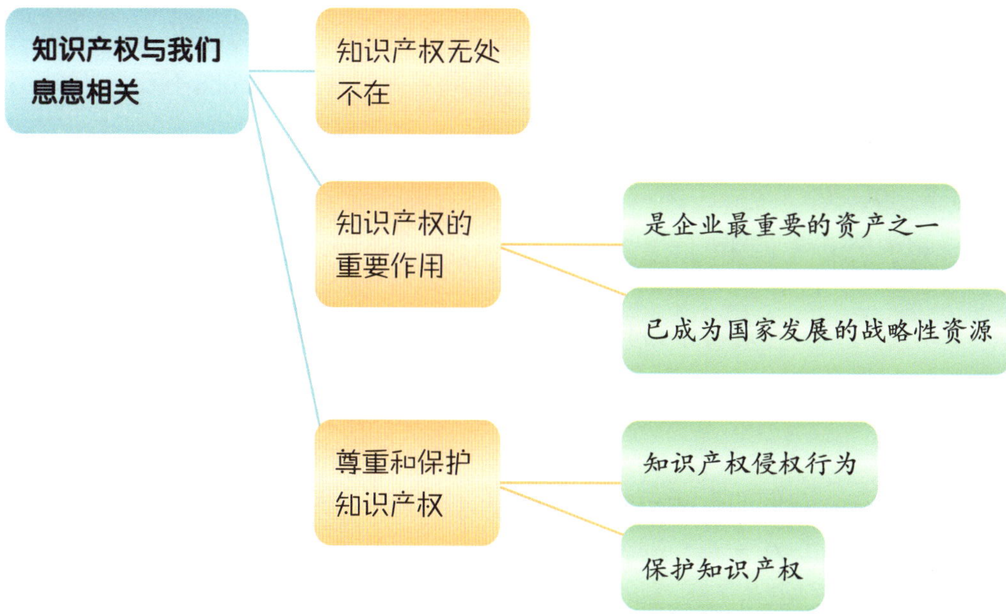

第一节

知识产权无处不在

知识产权就在我们的生活、工作和学习之中，它无时不在、无处不有，与我们的日常生活息息相关。

问题讨论

请同学们找一找，自己身边有哪些日常用品与知识产权有关，请举例说明。

现在，我们的生活已经离不开知识产权了。例如，手机作为人们普遍使用的一种通信工具，就涉及丰富的知识产权：商标代表了手机的品牌；手机的外观和手机的屏幕、电池、主板、芯片、存储器等各种零部件，以及4G、5G等技术涉及的全球移动通信标准问题，可能与专利有关；而手机中的软件、游戏、照片、音乐、视频等则涉及著作权。一部小小的手机，

手机的各种零部件

就是一个以大量知识产权为核心的智力成果的集合体。

除手机这类数码产品涉及专利权、商标权、著作权等知识产权内容外，在我们的日常生活中，各种交通工具，如飞机、轮船、高铁、汽车、电动自行车、电动滑板车；超市里各种各样的商品，如洗发水、洗衣液、牛奶、饮料、糖果；商场里令人眼花缭乱的化妆品、服装、箱包、饰品、鞋……几乎所有的东西都与知识产权相关。

随着移动互联网技术的兴起和智能终端的普及，作品的复制和传播更加便捷。自媒体时代，每个人都能成为一个作品创作和传播的平台。人们可以通过微博、微信、知乎、抖音、快手等平台发布自己的原创内容，如文字、图片、短视频等，这些都涉及知识产权。知识产权早已悄悄地走进了我们的生活，生活中的知识产权无处不在。知识产权使我们的生活更加惬意、更加便捷、更加安全。总之，在我们的周围，大到生存环境，小到日常生活用品，处处都有知识产权的印迹，知识产权造福人类的生活，知识产权让人类的梦想腾飞，知识产权是我们人类共同的财富。

分析思考

你知道知识产权与我们的生活有什么关系吗？请与同学们一起分享吧。

第二节 知识产权的重要作用

知识产权是知识经济时代企业最重要的资产之一，知识产权的数量与质量已成为企业竞争力的有力保证。

在知识经济时代，企业之间的竞争已经发展为知识和人才的竞争。传统的机器设备、厂房、土地等固定资产已经不能为企业带来持续竞争优势。而企业所拥有的专利、专有技术、商标等无形资产已经成为企业获取和发展其核心竞争力的基础。专利、专有技术、商标等无形资产属于企业的知识产权。在这个科技迅猛发展、知识大爆炸的时代，知识产权已经成为企业获取持续竞争优势的关键因素，是提高企业核心竞争力的重要保证。目前中国的制造业要实现由“中国制造”到“中国创造”的转变，就必须要具有自己的核心竞争力，形成自己的核心竞争优势。而获取知识产权资产是其实现转变的一个重要途径。

事例分享 3-1

华为的创新与知识产权保护之路

华为创立于1987年，是全球领先的ICT（信息与通信技术）基础设施和智能终端提供商。在《财富》杂志发布的2021年世界500强排行榜中，华为排名升至第44位。华为堪称当代商业史上的传奇。历经30多年的艰苦奋斗，华为从一家小公司，发展成为全球信息与通信技术行业的领导者和世界500强，创造了中国乃至世界企业发展史上的奇迹。

过去30多年，华为在全球170多个国家和地区建设了1500多个网络，服务全球超过30多亿人口。无论是遭遇地震、海啸还是战争，华为创新的产品解决方案都全力保障了客户网络在各种场景下的安全稳定运行。2020年新冠肺炎疫情，华为不仅帮助运营商客户有效应对了疫情期间网络流量激增的挑战，也通过创新的ICT解决方案，如5G、融合办公、远程会议等，协助社会有效进行科技抗疫。从2006年到2021年4月，华为在41个国家与政府或国有企业达成了70项协议，与华为达成这类交易的大多数国家都在撒哈拉以南非洲、亚洲和拉丁美洲，发展中国家与华为合作日增。

华为

持续创新投入是华为基业长青的基石。2020年，华为从事研究与开发的人员有10.5万名，约占公司总人数的53.4%。2019年，华为研发费用支出为1317亿元，约占全年销售收入的15.3%。截至2019年，华为近十年累计投入的研发费用超过6000亿元。2020年，欧盟委员会正式公布了“2020年欧盟工业研发投资排名”，华为排名第三。

尊重和保护知识产权是创新的必由之路，华为始终重视对自身创新成果的保护，从1995年申请第一件中国专利开始，华为持续在中国、美国、欧洲等主要国家和地区进行专利布局。华为在中国、美国、欧洲等主要国家和地区的专利申请量和授权量长期名列前茅。根据美国专利服务机构IFI Claims发布的2020年美国专利授权量50强榜单，华为排名第九。2019年在欧洲专利局的专利申请排名中，华为以3524件专利申请排名第一。华为同时也是累计获得中国授权专利最多的公司。

从2001年开始，华为全球专利申请量达到同行业领先的美国公司同等规模。从2004年开始，华为全球专利授权量达到同行业领先的美国公司同等规模。2008年，华为在《专利合作条约》（PCT）的专利申请公开量达1737件，首次排名全球第一。持续的创新投入使得华为成为全球最大的专利持有企业之一。截至2020年年底，华为全球共持有有效授权专利4万余族（超10万件），其中90%以上的专利为发明专利。

根据国际权威品牌价值评估机构Brand Finance发布的《Brand Finance 2020年全球品牌价值500强报告》，2020年华为的品牌价值较2019年增长4.5%，达到650.84亿美元，首次跻身全球最有价值的十大品牌之列。

尊重和保护知识产权，长期大力投入资金，持续以客户为中心的研发创新，是华为生存和发展的根本。华为在创业初期就坚持将每年销售收入的10%以上投入到研发，经过30多年的发展，在产业领域的多个方向做到了技术和解决方案世界领先，这是华为多年以来坚持战略投入、厚积薄发的必然结果。

任何先进的技术都不可能平白地产生，都是经过持续艰辛的努力探索才能获得。唯有尊重和保护知识产权才能激发社会的创新活力，它是创新的必由之路，也是华为把数字世界带给每个人、每个家庭、每个组织，构建万物互联的智能世界的基石。

21世纪是知识经济的时代，创新是知识经济时代的灵魂。一方面，没有创新，企业便失去了发展动力；另一方面，企业因创新而产生的知识产权如果得不到有力的保护，那么创新很快便会被复制，不仅创新成本无法回收，而且会因创新成本而提高产品价格，使创新产品失去市场竞争力。因此，对于企业而言，尤其是高新技术企业，不创新是死路，创新而不保护更是死路。如果说技术创新是企业抢占市场的“矛”，那么做好知识产权保护则是企业手中的“盾”，只有攻守兼备，企业才能在激烈的市场竞争中得到长足发展。

知识产权的一个重要功能是为创新者带来丰厚的经济效益。企业可以通过三种方式发挥知识产权的经济价值：一是当企业获得某些技术专利授权时，其他企业就无法进入该领域，这一垄断性的经营权赋予创新者一定的产品议价权，从而使其获取收益；二是企业有了专利就有了开拓国内、国际两个市场的法宝，通过抢占市场份额、销售更多产品，为企业带来可观的利润；三是高昂的知识产权许可费、转让费对企业来说也是一笔不菲的收入，高通、IBM、爱立信等国际巨头企业每年仅靠知识产权许可，就能得到几亿美元的报酬。

事例分享3-2

中国交建，中国名片

中国交通建设股份有限公司（以下简称中国交建），作为中交集团的核心支柱，是全球领先的特大型基础设施综合服务商，主要从事交通基础设施的投资建设运营、装备制造、房地产及城市综合开发等。2021年，中交集团跃居《财富》世界500强第61位。目前，中国交建是世界最大的港口设计建设公司、世界最大的公路与桥梁设计建设公司、世界最大的疏浚公司、世界最大的集装箱起重机制造公司、世界最大的海上石油钻井平台设计公司；是中国最大的国际工程承包公司、中国最大的高速公路投资商。

从斯里兰卡科伦坡港口城、巴基斯坦瓜达尔港，到肯尼亚蒙内铁路、埃塞俄比亚AA高速公路，再到塞尔维亚泽蒙—博尔察大桥、牙买加南北高速公路……一个个顶尖工程项目，都是中国交建打造的力作；从南亚、东非再到东欧、加勒比……一个个海外地区，都留下了中国交建奋斗的足迹。

截至2021年7月，中国交建参与建设了世界十大港口中的七个（上海港、深圳港、宁波舟山港、香港港、广州港、青岛港、天津港）。中国交建设计或建设了世界十大斜拉桥中的四座，世界十大悬索桥中的五座，世界十大高山峡谷桥中的八座，世界十大跨海大桥中的七座。其中，世界第一高桥——北盘江第一桥、世界最长跨海大桥——港珠澳大桥均由中国交建设计、承建或参建。坚持自主创新为中国交建带来了核心竞争力，助力其赢得了海内外广大客户的认可，在世界舞台上彰显着中国交通建设的强大实力。

在港珠澳大桥、国家海南工程及其他重大路桥、港口等工程的建设中，中国交建在北斗技术应用、复杂环境下岛隧建设技术、远海快速成岛、冻土处理、跨江跨海特大桥梁与通道建造技术等方面取得了一系列重大科技成果。科技是国家强盛之基，创新是民族进步之魂。中交集团以其独特的核心技术

港珠澳大桥

竞争力，成功使得“中国路”“中国桥”“中国港”“中国岛”“中国港机”成为享誉全球的国家名片，入选“2020中国创新榜样”。

2018年10月，万众瞩目的超级工程——港珠澳大桥正式建成通车。在这个交通建设史上技术极其复杂、施工难度极高、规模极其庞大的桥梁工程中，中交集团承建了七成以上工程，更自主打造了全球最长的公路沉管隧道，高超技艺令人惊叹。在水下近50米建设深埋沉管隧道，在国际上也被视为“技术禁区”。港珠澳大桥的岛隧工程是世界首例深埋沉管。从前期项目的可研阶段到开工建设，科技创新的理念贯穿始终。这个超级工程集结了我国在桥梁设计和施工、材料研发、工程装备乃至生态环保领域的上千名科技工作者，开展科研专题研究300余项，获得发明专利授权逾百项，发表论文逾500篇，创建工法逾40项。

有人说，专利既可以作为主动出击、直接获益的进攻型武器，也可以作为具有防御功能的战略储备。专利有时就像核武器，你可能永远不会使用它，但它所具备的威慑力往往会使竞争对手望而却步。

在经济全球化的今天，科技创新已成为提高综合国力的关键因素，谁抓住了科技创新的机遇，谁就能在国际竞争中抢占先机，赢得优势。创新是引领发展的第一动力，知识产权作为国家发展战略性资源和国际竞争力核心要素的作用更加凸显。实施知识产权强国战略，全面提升我国知识产权综合实力，大力激发全社会创新活力，建设中国特色、世界水平的知识产权强国，对于提升国家核心竞争力，扩大高水平对外开放，实现更高质量、更有效率、更加公平、更可持续、更为安全的发展，满足人民日益增长的美好生活需要，具有重要意义。

事例分享3-3

北斗卫星导航系统

全球卫星导航系统国际委员会公布的全球4大卫星导航系统供应商，包括美国的全球定位系统（GPS）、俄罗斯的格洛纳斯卫星导航系统（GLONASS）、欧盟的伽利略卫星导航系统（GALILEO）和中国的北斗卫星导航系统（BDS）。

北斗卫星导航系统（以下简称北斗系统）是中国着眼于国家安全和经济社会发展需要，自主建设运行的全球卫星导航系统，是为全球用户提供全天候、全天时、高精度的定位、导航和授时服务的国家重要时空基础设施。

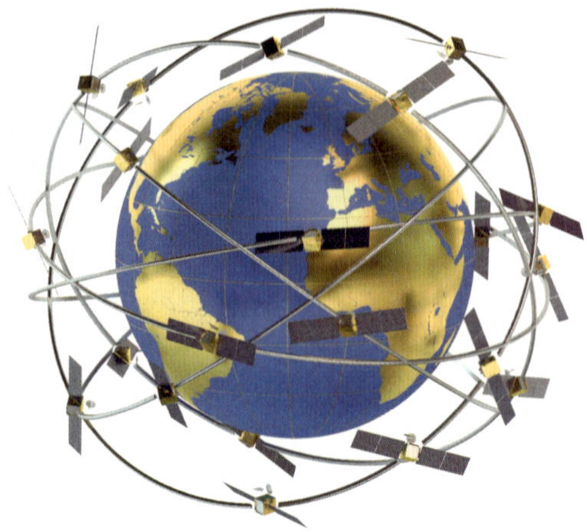

2020年6月23日，我国在西昌卫星发射中心用长征三号乙运载火箭，成功发射北斗系统第55颗导航卫星，暨北斗三号最后一颗全球组网卫星。北斗闪耀，泽沐八方。2020年7月31日，北斗三号全球卫星导航系统建成暨开通仪式在北京举行。中共中央总书记、国家主席习近平出席仪式，宣布北斗三号全球卫星导航系统正式开通。

北斗系统是党中央决策实施的国家重大科技工程。该工程自1994年启动，2000年完成北斗一号系统建设，2012年完成北斗二号系统建设。北斗三号全球卫星导航系统全面建成并开通服务，标志着工程“三步走”发展战略取得决战决胜，使我国成为世界上第三个独立拥有全球卫星导航系统的国家。截至2020年，全球已有120余个国家和地区使用北斗系统。

2020年年初，新冠肺炎疫情暴发后，在危难时刻，北斗系统火线驰援武汉市火神山和雷神山医院建设。通过利用北斗高精度技术，大量测量工作一次性完成，为医院建设节省了时间，保障抗击疫情“主阵地”迅速完成建设，为抗击疫情贡献了北斗智慧与力量。

北斗系统提供服务以来，已在交通运输、农林渔业、水文监测、气象测报、通信授时、电力调度、救灾减灾、公共安全等领域得到广泛应用，服务于国家重要基础设施，产生了显著的经济效益和社会效益。基于北斗系统的导航服务已被电子商务、移动智能终端制造、位置服务等厂商采用，广泛进入中国大众消费、共享经济和民生领域，应用的新模式、新业态、新经济不断涌现，深刻改变着人们的生产生活方式。中国将持续推进北斗应用与产业化发展，服务于国家现代化建设和百姓日常生活，为全球科技、经济和社会发展作出贡献。

北斗系统是我国迄今为止规模最大、覆盖范围最广、服务性能最高、与人民生活关联最紧密的巨型复杂航天系统。参研参建的400多家单位、30余万名科研人员合奏了一曲大联合、大团结、大协作的交响曲，孕育了“自主创新、开放融合、万众一心、追求卓越”的新时代北斗精神。仰望星空、北斗璀璨，脚踏实地、行稳致远。我们要大力弘扬新时代北斗精神，不懈奋斗、砥砺前行，使北斗系统更好地服务全球、造福人类。

分析思考

你知道北斗系统在生活中有哪些具体应用吗？请查找相关资料，和同学们一起分享吧。

第三节 尊重和保护知识产权

知识产权具有特殊价值，因而侵犯知识产权的行为从来就没有停止过。知识产权作为无形财产权，具有无形性及可复制性等特点，这些特点使得知识产权较之有形财产权，更容易受到侵害。

分析思考

下列四种行为是侵犯他人知识产权的行为吗？

A. 在网上上传各种歌曲、电影

B. 模仿“康师傅”方便面的“康帅傅”牌方便面

C. 抄袭他人的著作、文章或者观点

D. 未经专利权人允许，使用他人专利技术生产商品并售卖

事例分享3-4

生活中的知识产权侵权行为

不少人在自己的微信公众号或者微博发表文章时，为了图文并茂，往往会随意使用一些从网上找到的精美图片，这些图片往往作者与来源不明。殊不知，一张小图片也可能引发著作权侵权风险。

当你通过网盘和网友分享电影、小说、歌曲、学习资料时，可能已经侵犯了别人的知识产权。当你在自己的网店或者微信群、朋友圈随意贩卖盗版书籍、盗版光盘时，你也侵犯了别人的知识产权。当别人在网上随意转载你标有“转载请联系授权”的文章或摄影图片时，当别人将你设计的漫画形象拿去申请商标注册时，你也被侵权了。

将别人的文章改头换面后当作自己的文章发表；在朋友圈销售仿制的某知名品牌新款运动鞋；摆地摊销售假冒名牌手表……这些行为都已经侵犯了他人的知识产权!

2017年起，李某某从上海市多家饭店服务员处高价回收“贵州茅台”品牌的酒瓶、瓶盖、包装盒等材料（以下简称包材），后将上述包材中部分加价转卖给石某某、袁某某等人用

于制作假冒“贵州茅台”品牌的白酒，部分自行采用低端酒灌装成高端酒的方式，制作“贵州茅台”品牌的假酒，并销售给石某某等人。2020年5月，检察院分别以假冒注册商标罪、销售假冒注册商标的商品罪对相关犯罪嫌疑人提起公诉。

知识产权从本质上说是一种无形财产权，它的客体是一种无形财产，是创造性的智力成果。这些智力成果与房屋、汽车等有形财产一样，都受到国家法律的保护，都具有价值和使用价值。有些高价值专利、驰名商标或著名作品的价值甚至远远高于房屋、汽车等有形财产。我们应该坚决抵制知识产权侵权行为，向侵权行为说“不”！

分析思考

请你谈一谈，侵犯知识产权对个人、社会和国家有哪些危害。

事例分享3-5

“番茄花园”侵犯著作权案

曾经的他在网络世界中备受追捧，网民们称他是“英雄”，说他是传奇。他不仅修改了微软的Windows XP软件，取消了正版验证程序，而且还对Windows XP进行主题、桌面、按钮等外观美化，对一些不常用功能进行了关闭或卸载，做成了可以无人值守自动安装。对微软产品完成这一系列改动时，洪某不到30岁，只是一个普通的大专毕业生。洪某将这个“盗”来的软件，免费提供给网民，而Windows XP只是洪某“番茄花园”中众多免费午餐的一道。洪某和他的“番茄花园”红极一时。直到2008年8月15日，洪某因涉嫌侵犯著作权罪被逮捕，当

冰凉的手铐落在双手上时，洪某这才意识到自己惹出的麻烦有多大。

公开资料显示，“番茄花园”网站是一家于2004年进行域名注册、主要提供盗版软件下载、在国内小有名气的网站。网站涉嫌侵权的产品中涵盖了国内外知名软件厂商的多种软件，其中包括商业软件联盟成员公司的产品。据非官方估算，“番茄花园”版的盗版Windows XP软件的装机量超过千万，因此其也被微软一直视为盗版行为的代表。

2008年6月，在国家版权局和公安部组织的打击网络侵权专项治理工作中，商业软件联盟代表其成员公司向国家版权局和公安部进行了投诉。国家版权局和公安部对此案高度重视，将其作为2008年网络专项治理行动的重点案件。

2008年8月至12月，犯罪嫌疑人孙某某、洪某等分别被抓获归案。此后，成都某公司以及4名相关被告人孙某某、洪某、张某某、梁某某以侵犯著作权罪被提起公诉。“番茄花园”网站负责人洪某和全面策划并操控“番茄花园”商业运作的主犯孙某某均被判处有期徒刑3年6个月，并处罚金100万元；被告单位成都某公司被判处罚金877万余元，并罚没违法所得292万余元。

创新发展是硬道理，知识产权是硬实力。保护知识产权就是保护创新。知识产权，只有起点，没有终点。创新发展，只有逗号，没有句号。世界未来的竞争就是知识产权的竞争。加强知识产权保护是完善产权保护制度最重要的内容和提高国家经济竞争力最大的激励。

分析思考

打击盗版人人参与，尊重创新处处践行。请你谈一谈，为什么说知识产权是创新成果的“护航员”。

2021年9月，中共中央、国务院印发了《知识产权强国建设纲要（2021—2035年）》，强调要落实全面依法治国基本方略，严格依法保护知识产权，切实维护社会公平正义和权利人合法权益。塑造尊重知识、崇尚创新、诚信守法、公平竞争的知识产权文化理念。加强教育引导、实践养成和制度保障，培养公民自觉尊重和保护知识产权的行为习惯，自觉抵制侵权假冒行为。倡导创新文化，弘扬诚信理念和契约精神，大力宣传锐意创新和诚信经营的典型企业，引导企业自觉履行尊重和保护知识产权的社会责任。厚植公平竞争的文化氛围，培养新时代知识产权文化自觉和文化自信，推动知识产权文化与法治文化、创新文化和公民道德修养融合共生、相互促进。

让我们从自己做起，合力保护知识产权。从点滴开始，共建诚信文明家园。

问题讨论

保护知识产权始于心，支持创新发展践于行。请同学们举例谈一谈自己在日常生活中应该如何尊重和保护他人的知识产权。

第四章

知识产权保护的其他内容

专利权、商标权和著作权是知识产权的“三巨头”，但这三种类型的权利尚不能覆盖所有的知识产权保护对象。我国法律还规定了对植物新品种、商业秘密、集成电路布图设计、地理标志和互联网域名等的知识产权保护。本章将对上述内容进行重点介绍。

知识产权是一个开放的概念，它的内涵和外延随着社会和人类认识的发展还会不断变化。根据我国《民法典》的相关规定，除作品、发明、实用新型、外观设计、商标、地理标志、商业秘密、集成电路布图设计、植物新品种外，权利人还依法就“法律规定的其他客体”享有知识产权。当前，我国正在加快大数据、人工智能、基因技术等新领域新业态知识产权立法，也会适应科技进步和经济社会发展形势需要，适时扩大知识产权保护客体范围。

本章知识结构

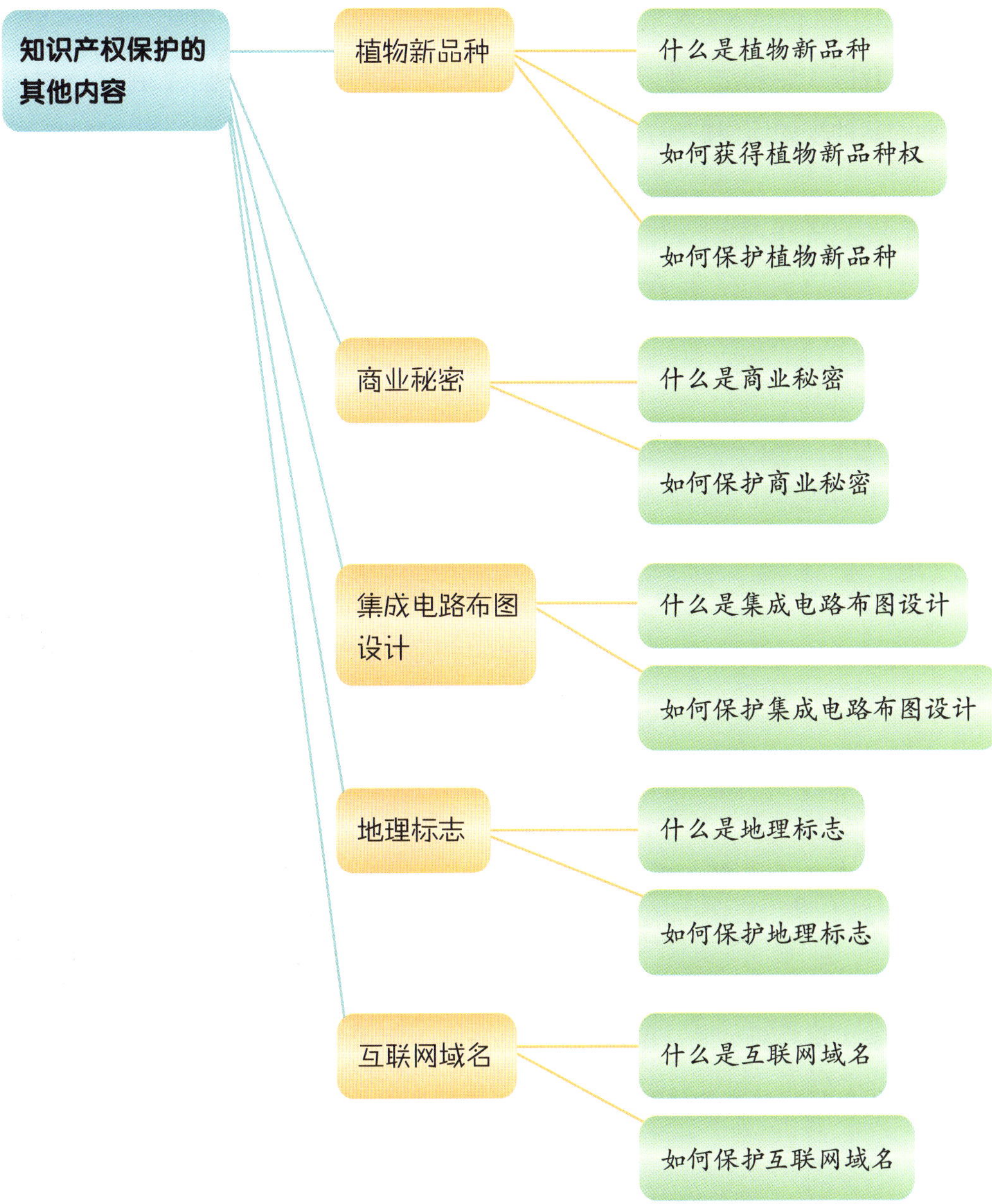

第一节

植物新品种

我国《专利法》明确规定，对植物品种不能授予专利权，那么，对植物的品种权如何保护呢？

事例分享 4-1

顽强的美人榆

近年来，一种春季为绿色，入夏后叶色变成鲜亮的金黄色且可“打扮”成不同造型的景观树——中华金叶榆，在我国北方许多城市风靡一时。中华金叶榆别称美人榆，是河北林科院与石家庄绿缘达公司历时十多年联合培育出的植物新品种。2006年，美人榆通过国家林业局审查授权，成为我国首个自主培育的彩色榆树植物新品种。

美人榆耐寒冷、干旱和盐碱，水土保持能力强。它的出现，解决了我国高寒、高旱、盐碱地区及山体绿化中春、夏、秋三季配色难题，结束了我国寒冷地区园林行业没有黄色树种的历史，改变了我国北方地区色彩单调、盐碱地区和山体美化中缺少合适品种的局面。短短几年，美人榆就遍及我国大部分省市。

美人榆属于无性繁殖的植物，技术门槛低、种植简单，可以通过枝条或者芽实现大量繁殖。遗憾的是，这些生物学上的优势却同时给侵权人带来了便利。从育种者到全国各地进行适应性种植试验开始，该树种就遭遇了大面积的盗种。

从2010年开始，河北林科院成立美人榆维权办公室，聘请律师团队，踏上了漫漫维权路。2016年，在一起关键性案件中，河北林科院与石家庄绿缘达公司在一审、二审均败诉的情况下，通过申请再审最终获胜，再审法院判决侵权人侵犯品种权成立，需向其支付品种使用费20万元。

什么是植物新品种

植物新品种，是指经过人工培育的或者对发现的野生植物加以开发，具备新颖性、特异性、一致性和稳定性并有适当命名的植物品种。比如某植物品种具有抗旱性、对土地条件的适应性或高产性，花叶或果实有特殊的颜色或味道等。

植物新品种来源于人们对植物的人工培育或者对野生植物的开发。植物育种有很多目的，可以是提升农作物的质量和产能，提高观赏植物的美观性，或者开展濒危物种的育种等。世界各地农业生产能力的巨大进步，在很大程度上归功于对植物品种的改良，这对于促进一国国民经济的健康发展和社会稳定也具有极为重要的意义。当今世界，种业界的大公司都把品种资源研究和新品种选育视为公司的生命线，并将销售利润中的很大一部分用于育种科研。植物新品种保护的最终目的是鼓励更多的组织和个人向植物育种领域投资，从而有利于育成和推广更多的植物新品种，促进农林业生产的不断发展。

我国《专利法》明确将植物品种置于保护范围之外，以品种权给植物新品种提供特殊保护。1997年，我国发布了《植物新品种保护条例》，对符合条件的植物新品种授予植物新品种权。我国的植物品种权保护制度与专利制度比较相似，不过专利制度实行的是“负面清单”制度，除《专利法》明确排除的客体外，都可以通过专利制度获得保护。植物新品种保护实行的则是“正面清单”制度，只有纳入植物品种保护名录的种或属才能获得品种权保护。

完成育种的单位和个人申请品种权并获得授权后，对其授权品种享有独占的权利。依据这种权利，凡利用受保护的品种从事有关生产流通行为，必须事先得到育种人的许可。“杂交水稻之父”袁隆平院士领导的湖南杂交水稻研究中心培育的“培矮64S水稻”，成为全国第一个申请并获得授权的植物新品种。1999年4月，我国正式加入《国际植物新品种保护公约》。随着育种者申请品种权的积极性日益高涨，我国植物新品种的年申请总量已居《国际植物新品种保护公约》成员前列。

如何获得植物新品种权

植物新品种培育完成后，不能自动取得品种权，必须经过申请、受理和审批的程序。我国农业农村部、国家林业和草原局都成立了植物新品种保护办公室，分别受理农业和林业领域的植物新品种申请。品种权的保护期限自授权之日起计算，藤本植物、林木、果树和观赏树木的保护期限为20年，其他植物的保护期限为15年。

为保证品种权审查的科学性和权威性，有关部门在借鉴国际植物新品种测试技术规范的基础上，结合我国实际，组织制定了玉米、水稻、杨树、牡丹等植物新品种测试指南，其中240多个已以国家或行业标准的形式予以公布实施。截至2020年12月，我国先后发布并施行了11批农业植物新品种保护名录和7批林草植物新品种保护名录，受品种权保护的植物属或种的数量达到475个，其中农业植物品种191个、林草植物品种284个。

如何保护植物新品种

与植物新品种相关的违法行为，分为侵犯品种权、假冒授权品种和销售授权品种未使用其注册登记的名称三种情形。

侵犯植物新品种权的行为，是指未经品种权人许可，以商业目的生产或销售授权品种的繁殖材料，以及将该授权品种的繁殖材料重复使用于生产另一品种的繁殖材料的行为。针对侵犯品种权的行为，权利人可以直接向法院起诉，追究侵权人的民事责任，也可请求省级以上人民政府农业、林业行政部门处理。农业和林业行政部门处理品种权侵权案件时，为维护社会公共利益，可以责令侵权人停止侵权行为，没收违法所得和植物品种繁殖材料；并可处以罚款。

假冒授权品种的，由县级以上人民政府农业、林业行政部门依据各自的职权责令停止假冒行为，没收违法所得和植物品种繁殖材料，并可处以罚款。情节严重构成犯罪的，依法追究刑事责任。

销售授权品种未使用其注册登记的名称的，由县级以上人民政府农业、林业行政部门依据各自的职权责令限期改正，可以处1000元以下的罚款。

第二节 商业秘密

这一节我们将了解什么是商业秘密，商业秘密如何获得保护。

事例分享 4-2

“iHealth”商业秘密案

华为公司于2012年至2013年组织人员开发了智慧健康研究“iHealth”项目。2012年年初，华为员工陈某某、张某某、韩某某离开华为公司自主创业，并以他人名义成立了博迪物联公司。陈某某和张某某在明知违反华为公司保密规定和员工协议的情况下，密谋指使当时在华为公司工作的吴某盗取华为公司的“iHealth”项目源代码，并以此为基础研发博迪物联公司的运动健康软件及其配套可穿戴设备。

吴某接受授意，通过技术手段将“iHealth”项目源代码拷贝至U盘后交给韩某某。韩某某根据陈某某等人的指示，对上述源代码进行修改，于2013年5月开发完成“ibody运动”管家App，并推出配套的“ibody”计步器产品。

2016年，检察院就陈某某等4人侵犯商业秘密罪向法院提起公诉。法院经审理认为，被告人陈某某、张某某、韩某某、吴某无视国家法律，盗窃并使用权利人华为公司的商业秘密，给权利人造成重大损失，其行为均已构成侵犯商业秘密罪。据此，法院对陈某某等4人均判处1年以上有期徒刑（均适用缓刑），并处2万—6万元不等的罚金。

什么是商业秘密

具备以下三个条件的技术信息、经营信息等商业信息即为**商业秘密**：不为公众所知悉；具有商业价值；权利人采取了保密措施。其中，**不为公众所知悉，**是指该信息不能从公开渠道直接获取；**具有商业价值，**是指该信息能为权利人带来现实的或者潜在的经济利益或者竞争优势；**权利人采取保密措施，**包括订立保密协议，建立保密制度以及采取其他合理的保密措施。

商业秘密中的技术信息，通常包括设计图纸（含草图）、试验记录和试验结果、工艺、配方、样品、计算机程序等。技术信息可以是特定的完整技术方案，也可以是某一产品或技术中的部分技术要素。商业秘密中的经营信息，包括客户信息（名称、地址、联系方式以及交易记录、交易习惯、交易意向等）、货源情报、产销策略、招投标中的标底及标书等信息。

如何保护商业秘密

商业秘密无须注册登记就可以获得保护。商业秘密中的技术信息，如果符合新颖性、创造性和实用性的要求，也可以申请专利保护。专利的保护有期限，如发明专利的保护期限是自申请之日起20年，而商业秘密只要保护得当，理论上可以永远存在。

这并不意味着通过商业秘密保护就优于专利。如果某个技术信息通过商业秘密进行保护，则只有当行为人违反诚实的商业做法，如通过盗窃、贿赂的方式获取技术信息时才构成侵权；行为人通过自己研发或者反向工程获得技术信息则不构成侵权。而如果该技术信息通过专利进行保护，则只要行为人的技术信息落入专利权的保护范围就构成侵权，即使行为人是通过自己研发或者反向工程获得也不能免责。

因此，一项技术是通过商业秘密保护还是通过专利保护，要具体问题具体分析。容易被他人破解的技术，比较适合申请专利；反之则可以考虑通过商业秘密来保护。当然，如果权利人要将自己的技术进行商业化运作，如作价入股，那恐怕通过专利保护更合适，毕竟专利的价值更容易评估，也没有技术信息泄密的风险。

根据法律规定，行为人侵犯他人商业秘密，可能会承担民事责任、行政责任甚至是刑事责任。经营者的商业秘密受到不正当竞争行为损害的，可以向人民法院提起诉讼，要求侵权人停止侵权，赔偿损失。经营者以及其他自然人、法人和非法人组织侵犯商业秘密的，由监督检查部门责令停止违法行为，没收违法所得，处以罚款。侵犯商业秘密情节严重，构成犯罪的，依法追究刑事责任。根据《刑法》规定，侵犯商业秘密罪，最高可判处10年以下有期徒刑，并处罚金。

第三节 集成电路布图设计

半导体集成电路芯片是计算机信息技术发展的核心，集成电路芯片的质量直接决定了计算机通信技术的发展水平。集成电路芯片体积虽小，但是其中却包含着很高的技术含量。

什么是集成电路布图设计

集成电路布图设计，是指集成电路中至少有一个是有源元件的两个以上元件和部分或者全部互连线路的三维配置，或者为制造集成电路而准备的上述三维配置。通俗地说，它就是确定用以制造集成电路的电子元件在一个传导材料中的几何图形排列和连接的布局设计。

半导体集成电路

集成电路产业是全球范围内的核心高科技产业之一，具有战略性和市场性双重特性。在国防和国家安全领域，集成电路起着维护国家利益，捍卫国家主权的关键作用。为了保护集成电路布图设计专有权，鼓励集成电路技术的创新，促进科学技术的发展，我国于2001年颁布了《集成电路布图设计保护条例》。

如何保护集成电路布图设计

集成电路布图设计专有权经国家知识产权局登记产生。申请人需提交集成电路布图设计的图样，经审查后，未发现形式缺陷的，国家知识产权局予以授权并公告。集成电路布图设计专有权的保护期限为10年，自布图设计登记申请之日或者在世界任何地方首次投入商业利用之日起计算，以较前日期为准。此外，无论是否登记或者是否投入商业利用，布图设计自创作完成之日起15年后，不再受保护。

集成电路布图设计专有权的内容主要涉及复制权和商业实施权。具体来说，**复制权**是指专有权人对受保护的布图设计的全部或其中任何具有独创性的部分可以进行复制或许可他人复制的权利；除法律另有规定外，未经权利人许可，任何第三人不得复制。**商业实施权**是指将专有权人受保护的布图设计、含有该布图设计的集成电路或含有集成电路的物品投入商业利用，包括为商业目的进口、销售、出租、许可实施等以展示或其他方式扩散布图设计，或禁止他人实施上述行为的权利。

集成电路布图设计专有权作为一种独立的知识产权，其特点介于版权和专利权之间，更接近版权，故也被一些学者称为“工业版权”。版权制度不排斥他人独立创作出类似的作品，集成电路布图设计专有权同样如此。

事例分享 4-3

我国芯片产业的现状

芯片是集成电路的灵魂，它应用领域广泛。如果一个国家拥有芯片技术，那就相当于站在国际科技发展的最前沿。中国是世界上芯片市场需求量极高的国家，但芯片自给严重不足。因为我国在芯片领域起步晚，积累技术时间短，缺乏优秀专业人才，缺乏自主研发，长期依赖进口。国外巨头在集成电路领域起步早，技术积累时间长，拥有核心技术和知识产权，经验丰富，一直以来都占据着市场和研发的制高点。

根据美国半导体行业协会（SIA）2021年发布的相关报告，尽管中国对于半导体的需求巨大，但本土芯片产业规模相对较小，仅占全球半导体总销售额的7.6%。2020年，中国半导体进口金额高达3780亿美元，这些半导体用来组装了全球1/4（需要半导体）的电子产品。半导体是美国最大的出口产品之一，2020年美国半导体出口总额达490亿美元，在美国出口中排名第四，仅次于飞机、成品油和原油。

从2019年年初到2020年7月，美国先后把近百家中国企业列入实体清单，实行高科技出口管制，其中包括限制对中国通信巨头华为的芯片供应。实践证明，核心技术是买不来的。中国芯片行业的“短板”最终还是需要中国人自己努力奋斗、不断创新，一步一步踏实追赶。总的来说，发展集成电路产业，要有长期的思想准备和投入，不能指望短短几年就获得回报，真正把集成电路产业发展起来，尚需时日，我们要有决心，也要有定力，把行业“短板”补齐，踏踏实实坚持做下去。

第四节 地理标志

人们到一个地方旅游，通常会购买一些当地的“土特产”，如阳澄湖大闸蟹、金华火腿、郫县豆瓣、西湖龙井等。很多著名的“土特产”往往都受到地理标志制度的保护。

事例分享 4-4

西湖龙井茶的保护

西湖龙井，是我国十大名茶之一，产于浙江省杭州市西湖龙井村周围群山，具有1200多年历史。西湖龙井具有色泽翠绿、香气浓郁、甘醇爽口、形如雀舌的特点，即俗称“龙井四绝”的“色绿、香郁、味甘、形美”。

龙井茶由于名气大，价格高，成为很多竞争对手觊觎的对

象，假冒情况日趋严重。2011年2月18日，西湖区龙井茶产业协会在杭州市工商局、西湖区政府、西湖区工商分局的指导下，提出“西湖龙井”地理标志证明商标的注册申请，并于2011年6月28日获得注册。

该证明商标获得注册后，由商标权人西湖区龙井茶产业协会负责“西湖龙井”地理标志证明商标的注册和使用监督管理等工作。符合《“西湖龙井”地理标志证明商标使用管理规则》的产品经营者，可向该协会申请使用“西湖龙井”地理标志证明商标。地理标志的取得，对市场上龙井茶假冒产品的泛滥起到了积极的抑制作用。

2011年，作为“中欧互认互保”试点项目中，中国指定的10个可以与欧盟互认互保的地理标志产品之一，“龙井茶”获得欧盟地理标志保护。成为欧盟地理标志产品意味着“龙井茶”将在欧盟获得等同于欧盟地理标志产品的严格保护。

2020年，为进一步规范西湖龙井茶的管理，西湖龙井茶证明商标由西湖区龙井茶产业协会转让给杭州市西湖龙井茶管理协会，自此西湖龙井茶由杭州市统一管理。

什么是地理标志

地理标志，是指标示某商品来源于某地区，该商品的特定质量、信誉或者其他特征主要由该地区的自然因素或者人文因素所决定的标志。

举例来说，法国因时尚而著名，其香槟和奢侈品更是闻名世界。法国香槟酒行业委员会注册了集体商标“香槟”，奢侈品厂商注册了诸如“Louis Vuitton”（路易威登）等普通商标。香槟能够成为地理标志，但是路易威登等商标却不能，这是因为路易威登尽管是法国人申请注册，但只要按照特定的工艺生产，世界上任何一个国家或地区都可以生产出同样的包。当我们购买路易威登包时，关注更多的是“LV”字样。然而，当我们品尝香槟时，必然会想到这是在法国香槟区选用指定的葡萄品种，根据指定的生产方法和工艺所酿造的气泡酒。简而言之，地理标志产品代表了一种地域优势、文化符号和技术工艺的传承，是优良品质的代表。

如何保护地理标志

在中国，多年来存在三种并列的地理标志保护体系，包括原国家工商行政管理总局商标局的集体商标、证明商标保护体系，原国家质量监督检验检疫总局的地理标志产品体系以及原农业部的农产品地理标志体系。

这三种不同的体系对地理标志保护的标准并不统一，方式上也不协调，相互之间缺乏有效衔接和沟通，导致我国地理标志存在重叠保护和权利冲突等一系列问题。

2018年3月，国务院职能机构改革，整合了原国家工商行政管理总局和原国家质量监督检验检疫总局的职能。从2020年4月3日开始，地理标志保护产品和作为集体商标、证明商标注册的地理标志均使用统一的“地理标志专用标志”。

地理标志专用标志

第五节 互联网域名

域名权具有知识产权的属性，是新类型标识性知识产权，具有巨大的商业和经济价值。随着互联网络和电子商务的迅猛发展，域名的商业价值越来越大，而伴随的域名抢注问题也愈演愈烈。

什么是互联网域名

域名，又称网域，是由一串用点分隔的名字组成的Internet上某一台计算机或计算机组的名称，用于在数据传输时对计算机的定位标识（有时也指地理位置）。以“https://www.baidu.com/”为例，其中的“https”是指以安全为目标的超文本协议；“www”是指万维网；“baidu”为域名中可具有识别性的部分；“.com”则为国际最广泛流行的通用域名格式。从域名构造来看，通常发生纠纷的是域名中具有识别性的部分，如前面例子中的“baidu”。

互联网名称与数字地址分配机构（ICANN），是一个非营利性的国际组织，成立于1998年，负责在全球范围内对互联网唯一标识符系统及其安全稳定的运营进行协调，包括互联网协议（IP）地址的空间分配、协议标识符的指派、通用顶级域名以及国家和地区顶级域名系统的管理、根服务器系统的管理。同时，世界各国和国际组织，尤其是世界知识产权组织在域名管理体系建构中的作用也日益重要。中国互联网络信息中心（CNNIC），是我国域名注册管理机构和域名根服务器运行机构，负责运行和管理国家顶级域名“.CN”、中文域名系统。

如何保护互联网域名

域名系统要求域名在全球范围内是唯一的，不可能存在完全相同的域名。有的动机不纯的人专营抢注域名，然后出卖给商标权人。有人称此种行为是域名的“劫持”或“囤积”，将这些抢注人称为“商标蟑螂”。在域名保护的实体法律方面，我国主要通过《商标法》和《反不正当竞争法》规制抢注域名的行为。

除了通过司法途径解决域名纠纷以外，当域名纠纷发生在顶级国际域名上时，当前的国际域名体系已经形成了非诉讼的纠纷解决机制。我国也于2002年首次出台了《中国互联网络信息中心域名争议解决办法》。

事例分享 4-5

2015年，亚洲域名争议解决中心（ADNDRC）收到投诉人腾讯公司对域名“weixin.com”的投诉；随后，亚洲域名争议解决中心行政专家组对该投诉作出裁决，将争议域名转移给腾讯公司所有。裁决作出后，域名“weixin.com”的所有者对此表示异议，向法院提起诉讼，最终双方和解，就域名归属和使用等问题达成一致。